Ця книга про дивовижного йога під назвою:

Один раз КОЛИСЬ ТИ...

пригода ЙОГИ, де ви обираєте, що станеться!

МАРІЯ ОЛІВЕР

Переклад Дениса Андрусика

Під редакцією Марія Козіна

Авторське право © 2022 Марія Олівер
всі права захищені
ISBN: 978-1-8383024-6-7

Присвята

Дякую…

Учасникам мого йога класу які продовжують вчити мене щодня;

Лукасу та Серен за ваші геніальні пропозиції;

Андрію за впевненість та безперечну підтримку;

ілюстаціям Лізи Мартель за твоє підбадьорення, допомогу, техніку та магію зображень;

дітям та їхнім батькам та опікунам ,які першими прочитали цю книгу;

Усім хто придбав примірник моєї першої книги і змусили мене повірити що я можу зробити це знову.

ПЕРЕДМОВА

Я написала цю книгу, тому що мені подобається використовувати книги в дитячих класах, але є одна проблема, діти мають багато своїх ідей і пропозицій!

Тому я почала створювати історії разом з дітьми. Ми розпочинаємо нашу розповідь з відповідної пози йоги, потім кожна дитина по черзі розповідає що буде далі, ми розробляємо позу йоги впродовж всієї історії. Іноді пропозицій так багато, що важко все вмістити в олну історію!

Я подумала, було б чудово написати книгу – історію , де діти могли б обирати, що трапиться і можливо, навіть, збагатити її своїми власними ідеями.

Я відчувала, що важливо дати дітям певний контроль, оскільки на момент написання книги ми знаходились в стані послаблювання обмежень після третього національного карантину. Більшість дітей швидко перейшли від дуже слабо структурованого часу вдома до того, щоб стати учнями наших класів і мати щільний розклад.

Я сподіваюся, що ця книга надасть дітям злегка структуровану історію, в якій вони можуть використовувати свою власну уяву, рухати тілом і створювати свою унікальну історію.

Як насолоджуватися цією книгою

Ця книга присвячена вашій дитині, і вона вибирає, що станеться, навіть коли настав час закінчувати історію!

Робіть скільки поз читаючи кожну сторінку , скільки хоче ваша дитина.

Вирівнювання в дитячій йозі не повинно бути ідеальним. Не має занчення, якщо дитяча версія не зовсім схожа на картинку.

Вашій дитині завжди слід відчувати себе комфортно. Для деяких поз я запропонувала більше, ніж одну версію, щоб ваша дитина змогла обрати те, що їй підходить.

Виконуючи асиметричну позу, запропонуйте дитині повторити її з іншого боку.

Ваша дитина може придумати свої власні пози йоги або запропонувати ідеї про те, що може статися далі.

Ваша дитина може зробити розповідь такою довгою або короткою, як їй заманеться, діти можуть повторювати сторінки, або змінювати закінчення. Це може тривати вічно…!

Спостерігайте за своєю дитиною, щоб побачити чи вона все ще зацікавлена, чи починає втомлюватись.

УВАГА:

Ця книга створена, щоб надихнути вашу дитину на **РУХ**!
Спроба вкласти її в ліжко може виявитись **МАРНОЮ**!

Одного разу,
ти піднімався на гору.
Коли ти досяг вершини,
ти виявив, що стаєш
повільнішим і втомленішим,
повільнішим і втомленішим...

Коли ти досягнув вершини гори,
ти став у позі "Гора"
двома важкими ногами на землі,
розкинувши руки в сторону,
відчуваючи стійкість і нерухомість.

Ти бачив, як хтось летить тобі на зустріч.
Балансуючи на одній нозі,
ти широко розкинув руки, щоб зрозуміти,
чи зможеш ти лагідно махати ними,
як крилами.

Хто летів тобі назустріч?

Це був летючий кінь?
Перейдіть на сторінку 14

Це був Беркут?
Перейдіть на сторінку 10

Це був дракон?
Перейдіть на сторінку 12

Назустріч тобі летів Беркут!

Зможеш балансувати в позі Орел?

Беркут ніс прекрасне золоте яйце.
Щільно згорнись в позу дитини як яйце.

Беркут приземлився і показав тобі яйце.
"Мені потрібна твоя допомога" - сказав Беркут.
"Мені потрібно знайти безпечне місце
де б моє яйце вилупилося.
Ти будеш моїм другом і полетиш зі мною?"

"Звичайно"- відповів ти,
і простягнув руки,
щоб полетіти з твоїм новим другом.
Куди ти полетів?

До лісу?
Перйдіть на сторінку 16.
Або на піратський корабель?
Перйдіть на сторіку 20.
Або до королівського палац?
Перйдіть на сторінку 22.

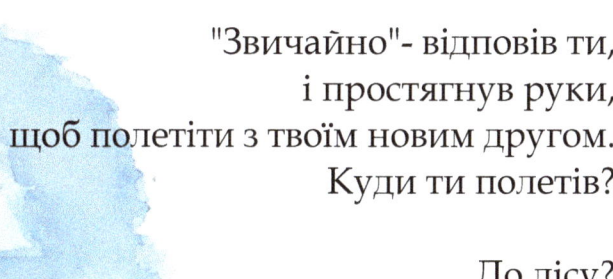

Назустріч тобі летів дракон!

Уявіть, що видихаєте вогонь у позі дрвкона.

Дракон приземлився і закричав:
"Ворог! Бийся зі мною,
якщо ти достатньо сміливий!"
Дракон піднявся
і видихнув вогонь.

Відчувши себе сміливим,
Ти став у першу позу воїна,
вигукнувши
"Ти мене не злякаєш!"

-Дракон здивувався.
"Ти сміливіший, ніж я думав,"- він сказав.
"Можливо ти зможеш мені
допомогти знайти скарби.
Ти будеш моїм другом і полетиш зі мною?"

"Звичайно" - відповів ти.
Дракон опустив голову,
щоб ти міг залізти йому на спину.
Він розправив крила,
і ви разом полетіли.

Куди ти полетів?

До королівського палацу?
Перейдіть на сторінку 22.
На піратський корабель?
Перейдіть на сторінку 20.
Або ж в Антарктиду?
Перейдіть на сторінку 24.

Назустіч тобі летів кінь з крилами!

Прозтягніть довгі тендітні крила в позі коня.

Зможеш присісти нижче і зменшити крила, щоб стати малим літаючим лошам?

Кінь приземлився біля тебе. – "Моє лоша втекло!" - він сказав. "Неслухняний, щойно навчився літати і втік тільки – но я наблизився Мені на поміч потрібен хтось з сильними руками. Ти будеш моїм другом і полетиш зі мною?"

"Звичайно" - відповів ти.
Кінь стояв нерухомо в той час, коли ти залазив йому на спину.
Коли ти заліз кінь розправив крила і злетів.
Куди ти полетів?
На пляж?
Перейти на сторінку 18.
До лісу?
Перейти на сторінку 16.
Або в Антарктиду? Перейдіть на сторінку 24.

Лисицю

Білочку

Твій друг сказав:
"Нам потрібно продовжити пошуки".
Куди ти полетів далі?
До королівського палацу?
Сторінка 22.
На піратський корабель?
Сторінка 20.
До Антарктиди? Сторінка 24.
Готові закінчити?
Друзі літаючих коней
Перейдіть на сторінку 28.
Друзі драконів перейдіть
на сторінку 30.
Друзі орлів перейдіть
на сторінку 26.

Ви зі своїм другом приземлилися на **ПЛЯЖ**. Що ви тут знайшли?

Дельфіна

Черепаху

Собаку

18

Морську зірку

Краба

Твій друг сказав: "Нам потрібно продовжувати пошуки". Куди ти полетів далі?
До лісу? Сторінка 16.
До королівського палацу? Сторінка 22.
До Антарктиди? Сторінка 24.
Готові закінчити?
Друзі літаючих коней Перейдіть на сторінку 28.
Друзі драконів перейдіть на сторінку 30.
Друзі орлів перейдіть на сторінку 26.

Акула

Човен

Твій друг сказав: "Нам потрібно продовжувати пошуки". Куди ти полетів далі?
На пляж? Сторінка 18.
До Антарктида? Сторінка 24.
До лісу? Сторінка 16.
Готові закінчити?
Друзі літаючих коней Перейдіть на сторінку 28.
Друзі драконів перейдіть на сторінку 30.
Друзі орлів перейдіть на сторінку 26.

Ви з другом полетіли до чудового **КОРОЛІВСЬКОГО ПАЛАЦ,** де вони влаштовували вечірку. Що ви тут знайшли?

Танцюристів

Нахабне цуценя!

Горщики з чаєм (поза трикутника).

Королівських котів

Трони (поза крісла)
Твій друг сказав:
"Нам потрібно
продовжувати пошуки".
Куди ти полетів далі?
До лісу? Сторінка 16.
Або на пляж? Сторінка 18.
Або на піратський корабель?
Сторінка 20.
Готові закінчити?
Друзі літаючих коней
Перейдіть на сторінку 28.
Друзі драконів
перейдіть на сторінку 30.
Друзі орлів перейдіть
на сторінку 26.

Ви з другом полетіли до **АНТАРКТИКИ!**
Що ви знайшли тут?

Пінгвінів, які ковзають

Пінгвінів, які повзають

Тюленів

Китів

Сніжинки

Твій друг сказав: "Нам потрібно продовжувати пошуки". Куди ти полетів далі? На пляж? Сторінка 18. Або на піратський корабель? Сторінка 20. Або до королівського палац? Сторінка 22. Готові закінчити? Друзі літаючих коней Перейдіть на сторінку 28. Друзі драконів перейдіть на сторінку 30. Друзі орлів перейдіть на сторінку 26.

Ти знайшов безпечне гніздо,
де яйце твого друга могло
б вилупитися?
"А як що до цього місця?"
ти запитав.
"Здається, це безпечно,
І нікому не вдасться побачити ".
"Ідеально!" — крикнув
Беркут.
Беркут поклав яйце
і сів на нього,
щоб зігріти його.
"Висиджується!" — сказав
Беркут.

Згорнись у позі дитини,
як орлине яйце.
А тепер розігнися
і простягни крила,
як новонароджене дитинча Беркута.

Беркут стояв і
ви обидва спостерігали
за яйцем,
коли крихітне дитинча
орла висунуло дзьоб.
Воно трохи крякало.
"Привіт, красуне!"
— сказав Беркут своїй
дитині.
Беркут звернувся до тебе.
"Я хочу щоб ти обрав для нього імя
Дякую за твою допомогу
в цій пригоді! "

А тепер уявіть,
що ти зменшуєтеся
настільки, щоб
згорнутися в гнізді
Беркута, під його
пір'ям. Тобі тепло,
затишно і безпечно.
За межами гнізда
може бути шум,
але всередині
тиша.
Полежіть
трохи спокійно.

Кінець

Ти знайшов Летюче лоша?
"Швидко! " — викрикнув
Летучий кінь.
" Використай свої сильні руки,
Перш, ніж моя дитина
полетить геть! "

Ти стрибнув вперед,
щоб зловити Лоша, вигукнувши
" Я тебе тримаю!"

Присядь низько,
а потім високо стрибни,
щоб спіймати Лоша.

"Дякую! О, дякую тобі!"
— закричав Летучий кінь.

Лоша виглядало засмученим.

"Я так хвилювався!" — сварився Летячий кінь. "Але я дуже радий, що ти в безпеці!"

"Я обіцяю Більше не літати від тебе геть", — сказало Лоша. "Що ж , в любому випадку – не сьогодні".

Уяви, що обіймаєш
Літаючого коня
і його лоша.
Їхні крила обвиваються
навколо тебе так,
що ти відчуваєш
безпеку і тепло.
Ти можеш відчути,
Їх повільне дихання
Ти також дихай
повільно.

Кінець

Ти знайшов багато скарбів для свого Дракона?
Дракон переніс тебе на крихітний
острів посередині
великого океану.

"Ми зібрали багато скарбів,
і я думав, що це зробить
мене щасливим"
— сумно сказав Дракон.
"Але чомусь це не так".

Це був довгий день.
Сонце опустилося до рівня моря,
і небо стало рожевим.
Простягни руки в повітря
утвори сонце і опусти його донизу
Як сонце опустилося нижче,
воно відобразилось у морі.

"Дивись!" — гукнув Дракон. "Золото! Хіба це не красиво?"

Ви разом дивилися, як сонце заходить, поки не стемніло і не зникло золото. Дракон виглядав сумним.

"Не хвилюйся", — сказав ти. "Це повториться завтра".

"Справді?" — сказав Дракон. "А що з наступним днем?"

"Сонце сідає щоночі," — відповів ти.

"Тоді я знайшов свій скарб", — заявив Дракон. "У мене буде золото щовечора перед сном. Дякую, що допоміг мені знайти його".

Уяви, що ти лежиш на пляжі крихітного острова,
згорнувшись калачиком зі своїм другом-драконом.
Сонце сходить,
а небо рожеве та фіолетове.
Ви можете чути хвилі
на пляжі та відчуватити тепле сонце на своєму обличчі.
Все тихо крім шуму моря.

Кінець

Йога дивовижна!
Це може допомогти нам відчувати себе добре фізично і духовно. Однак йога — це не лише виконання пози йоги. Ось деякі інші речі, які ви можете спробувати.

Дихання Повільне
дихання - це супер сила!
Коли ми сповільнюємо дихання,
це допомагає нам відчути спокій.
Ми можемо якнайкраще зосередитися
на своєму диханні, коли сидимо рівно.
Почніть з сидіння на підлозі на одному
стегні потім сядьте на обидва.
Уявіть, що ваша голова — повітряна куля,
що летить вгору.
Тепер повільно вдихніть повітря в живіт

Дихання океану створює чудовий
розслабляючий звук, як хвилі на пляжі.
Вдихніть через ніс, а видихаючи,
тихо скажіть «Тссс…».
Продовжуйте говорити «Тссс…», доки
не закінчиться дихання. Потім знову
повільно вдихніть через ніс. Ви можете
почути шум бурхливого моря з
гучними хвилями, які розбризкуються а потім
повернутися до звуку лагідних хвиль на
пляжі.

Серфінг на животі допомагає вам дихати животом, щоб ви відчули себе розслабленим. Ляжте на спину і дозвольте вашому животику підніматися і опускатися, коли ви вдихаєте і видихуєте. Уявіть, що ваш животик - це хвиля, що піднімається і опускається. Можливо, ви можете уявити, що ви пливете вгору і вниз по хвилях, вдихаючи і видихаючи, або покладіть іграшку на живіт і дозвольте їм зайнятися серфінгом.

Бджолиний подих — це шумне дихання! Вдихніть через ніс, а коли видихнете, гудіть, поки не закінчиться повітря. Потім знову вдихніть через ніс і гудіть, видихаючи. Це звучить дивовижно в кімнаті з іншми людьми які роблять те ж саме.

Уявіть, що ви дмухаєте на **кульбабку**! Вдихніть через ніс, а видихайте м'яко через рот, ніби дуєте на кульбабку . Ви хочете дмухати так лагідно, щоб за один раз здувати лише кілька насінин.

Позитивні афірмації

Коли ми говоримо собі добрі речі,
це змушує нас відчувати себе краще всередині.
Ми часто говоримо собі підлі речі,
які насправді несправедливі.
Чи казали ви коли-небудь:
«Я такий дурний», «Я завжди помиляюся» або
«Я нічого не можу зробити правильно»?
Давайте замість цього спробуємо
говорити самі собі добрі речі.
На наступних двох сторінках
є кілька позитивних тверджень,
які ви можете переглядати
і повторювати собі щодня.

Намасте

Ми вимовляємо це слово в кінці кожного заняття
йогою. Ми з'єднуємо руки біля серця і
кланяємося один одному, коли це говоримо.
Це слово є старовинною мовою з Індії, яка
називається санскритом. Це означає, що ми всі
пов'язані один з одним, тому що ми є частиною
одного Всесвіту. Ми всі маємо трохи світла
всередині нас, і світло в мені шанує світло в тобі.

Я безстрашний

Я зосереджений

від «Один раз колись, ти…» від Марія Олівер
www.boxmooryoga.co.uk

від «Один раз колись, ти…» від Марія Олівер
www.boxmooryoga.co.uk

Я
Коханий

Я
в
Мирі

від «Один раз колись, ти...» від Марія Олівер
www.boxmooryoga.co.uk

від «Один раз колись, ти...» від Марія Олівер
www.boxmooryoga.co.uk

ПРО АВТОРА ТА ІЛЮСТРАТОРА

Марія — викладач йоги з Хартфордшира та член Британського колеса йоги. Вона навчає йозі дітей, дорослих, вагітних та молодих мам. Марія все життя писала оповідання та малювала, але це перша видана книга, яку вона написала та проілюструвала сама. Перша книга Марії «Red Kites, Apples and Blood Cells» — це збірка розслаблень для дітей, яку можна знайти на www.boxmooryoga.co.uk та на Amazon. Аудіокнига доступна на iTunes, Amazon та Audible. Марія заміжня, має двох дітей та двох котів. Шукайте Boxmoor Yoga в соціальних мережах та на YouTube!

ПРО ПЕРЕКЛАДАЧА

Денис приїхав у Вклику Британію тільки з однієї причини, війна. Це змусило його покинути його країну і залишити всіх рідних там. Це було дуже не звично для Дениса освоювати нову культуру звичаї традиції у Англії. Через тиждень як він прибув він пішов у школу куди ходить уже місяць.

ПРО РЕДАКТОРА

Маша приїхала до Великобританії з матір'ю та сином у травні 2022 року через війну в Україні. Окрім безпеки для своєї родини, Маша розуміла, що ховатися у підвалі щоночі і постійно бачити переміщення ворожої військової техніки погано вплине на її сина Зараз вона з сином та мамою будує своє нове життя в Хартфордширі і не знають, чи зможуть коли - небудь повернутися до України. Син Маші відвідує школу, Маша працює.

www.ingramcontent.com/pod-product-compliance
Lightning Source LLC
Chambersburg PA
CBHW051250110526
44588CB00025B/2936